中国领事保护与协助指南

中华人民共和国外交部领事保护中心 编

2023年9月

WA 世界知识出版社

图书在版编目（CIP）数据

中国领事保护与协助指南/中华人民共和国外交部领事保护中心编.--北京：世界知识出版社，2023.9（2025.12重印）

ISBN 978-7-5012-6687-6

Ⅰ.①中… Ⅱ.①中… Ⅲ.①领事事务-中国-指南 Ⅳ.①D821-62

中国国家版本馆CIP数据核字(2023)第179213号

中国领事保护与协助指南

Zhongguo Lingshi Baohu yu Xiezhu Zhinan

责任编辑 / 王瑞晴 耿延升
责任出版 / 赵 玥
插图设计 / 高一鑫
版式设计 / 王泽今

出版发行 / 世界知识出版社
地　　址 / 北京市东城区干面胡同51号
网　　址 / www.ishizhi.cn
联系电话 / 010—65265929/65241433
经　　销 / 新华书店
印　　刷 / 北京中科印刷有限公司
开本印张 / 889毫米×1194毫米 1/32 1⅜印张 17千字
版次印次 / 2023年9月第一版 2025年12月第四次印刷
标准书号 / ISBN 978-7-5012-6687-6
定　　价 / 10.00元

编写说明

为有需要的中国公民依法提供领事保护与协助是外交部和驻外使领馆（处）等相关部门的重要职责。我们致力于为在海外的中国公民提供及时准确的安全提示信息和旅行建议，畅通紧急情况下的求助渠道，提供必要建议和协助，维护当事人合法权益，同时保护其个人隐私。

此次，外交部领事保护中心更新发布《中国领事保护与协助指南》（2023 年 9 月），旨在帮助中国公民在海外平安旅行，增进公众对领事保护与协助工作的理解和支持。

目 录 / CONTENTS

一、领事保护与协助

如您在海外遭遇紧急情况或重大事故，可按照领区划分联系中国驻当地使领馆并寻求领事保护与协助。同时，需要请您理解的是，在海外开展领事保护与协助工作，必须遵守所在国法律法规，不能超出工作职责范围，希望您对此有理性认识和合理预期，积极配合领事官员开展工作。

① 如实告知

为便于获得协助，请向领事官员如实、准确地提供尽可能详细的个人信息，并对所提供信息的真实性负责。有关信息通常包括但不限于：当事人姓名、性别、出生日期、户籍所在地、护照号码、身份证号码、事故经过、安危情况、请求事项、所在位置、联系方式等。不如实告知可能导致无法及时获得协助，或影响领事保护与协助工作成效。

② 职责范围

领事官员在接到您的求助后，将根据当地法律法规以及相关具体情形，在职责范围内为您提供必要协助，包括：

① 如您正当权益遭受侵犯，领事官员可以向所在国有关部门核实情况，敦促其依法公正妥善处理，并向您提供维护自身正当权益的渠道、建议及必要协助。

②如您因涉嫌违法犯罪被所在国采取措施，领事官员可以向所在国有关部门了解核实情况，要求其依法公正妥善处理。如您被拘留、逮捕，或正在服刑等，领事官员可以应您的要求或经您的同意，按照该国法律和有关双边或国际条约对您进行领事探视，了解您的相关需求，要求所在国有关部门给予您人道主义待遇并保障合法权益。

③如所在国审理涉及您的案件，如领事官员经研究认为确有必要，可以根据该国法律和有关双边或国际条约进行旁听，并要求所在国有关部门保障您的诉讼权利。

④ 如您的中国籍亲属在国外需要监护但生活处于无人照料状态，在您已经履行所在国必要法律程序后，领事官员可以向所在国有关部门核实及通报情况，敦促其依法妥善处理；可以为有关人员或组织履行监护职责提供协助；可以为您的亲属赴所在国照料危重病人或处理善后等事宜办理签证提供协助。

⑤ 如您因财物失窃等原因导致基本生活无法保障，领事官员可以为您联系亲友、获取必要救济等提供协助。

⑥ 如您的中国籍亲属在国外下落不明，领事官员可以向您提供当地报警方式及其他获取救助的渠道。所在国警方立案的，可以敦促所在国警方及时妥善处理。

⑦ 如您因治安刑事案件、自然灾害、意外事故等受伤，领事官员可以向所在国有关部门了解核实情况，敦促其开展紧急救助和医疗救治，要求其依法公正妥善处理。如您遭遇意外事故无法与国内亲属联络，领事官员可以协助将情况通知您国内亲属或请您国内住所地的地方人民政府协助联系。

⑧ 如您的近亲属在国外意外死亡，领事官员可以为您按照所在国有关规定处理善后事宜提供协助，告知您当地关于遗体、遗物处理等规定，要求所在国有关部门依法公正处理并妥善保管遗体、遗物。

⑨ 如所在国发生战争、武装冲突、暴乱、严重自然灾害、重大事故灾难、严重传染病疫情、恐怖袭击等重大突发事件，致使您的人身和财产安全受到威胁，领事官员可以敦促所在国采取措施保护您的人身和财产安全，并根据实际情况联系、协调有关组织或机构为您提供救助。

⑩ 如您在所在国与他人发生民事纠纷、涉及刑事案件或突发疾病，领事官员可以应您的要求，提供当地法律服务、翻译和医疗等机构的名单和联系方式供您参考选用。考虑到相关服务的专业性，驻外使领馆无法对名单中机构或人员的资质水平、专业能力以及执业人员个人品德进行承诺，您也可以结合实际需要自行选择其他服务机构。

⑪ 如您遗失或因故未持有有效旅行证件，领事官员可以根据中国法律法规，为您签发相应的旅行证件。

③ 有限协助

领事保护与协助工作需遵循国际法和双边条约有关规定，领事官员没有行政权和执法权等职权，当地社会条件和个案差异等诸多因素对相关工作也有制约，当事人意愿或预期可能无法完全满足。

在一些特定情况下，领事官员可能无法或充分提供领事保护与协助：当事人未能履行客观如实告知义务的；参与从事不法活动的；未遵从外交部或驻外使领馆旅行建议而执意前往或驻留高风险地区的；故意、恶意或重复提出不合法、不合理协助要求的。

需要提醒您的是，以下类别个人诉求（包括但不限于）因超出领事保护与协助工作范畴，领事官员无法介入提供协助：

1 介入仲裁、劳务、商业、经济、合同和家庭纠纷。

2 参与调查各类刑事、治安案件，或直接寻找失踪人员，代为向警方报案，或代为存放、寻找、转送个人邮件、物品。

3 干预所在国的司法程序或执法行为，为您谋取不合法、不正当利益或袒护您的违法犯罪行为，帮助您在治疗、拘留或服刑期间获得比当地人更好，甚至超出当地法律允许范围的待遇。

4 保证您在第三国家的安全，或为您安排旅行，或代为处理在航班、酒店、旅游、消费等事项中与第三方服务商发生的纠纷，或代为向其提出索赔、退款、退货等诉求。

5 代为在当地求职或申办签证、居留证、工作许可证等证件，或阻止当局对您实行遣返或驱逐。

⑥ 直接提供导游、翻译等服务，或为您支付酒店、律师、翻译、医疗、旅行交通费用，以及其他任何应由个人承担的费用。

⑦ 代为办理证件、购买商品、租赁物品、处理个人事务以及为解决纠纷等提供任何形式的担保。

④ 安全提醒

建议您积极关注外交部和驻外使领馆、国务院有关部门和地方政府发布的国外安全提醒及有关风险提示信息，根据安全提醒要求和建议，不断提高安全意识和风险防范意识，避免前往及驻留高风险国家或地区。结合自身情况对所在地安全风险及时进行评估，如认为人身安全等受到严重威胁，从时效和便捷角度考虑，建议优先选择通过商业交通方式及时撤离到安全地区或国家，在此期间可与驻外使领馆保持密切联系，并及时向国内亲属告知自身状况。

⑤ 责任承担

驻外使领馆提供领事保护与协助时，将依法保护当事人、求助者等相关人员的隐私。

您或未成年人监护人需根据本人或案件情况，权衡利弊，理性判断，根据驻外使领馆提供的意见和建议，自行作出决定，并承担相应责任。

为保障安全出行、避免潜在风险，在国外的中国公民应当严格遵守中国和所在国家有关法律法规，尊重当地宗教信仰和风俗习惯。需要求助时，遵守驻外外交机构的工作秩序，尊重领事官员并配合其开展工作。同时，自主承担食宿、交通、通信、保险、医疗、诉讼、翻译、证件、文书等相关费用。

二、海外出行建议

国外安全形势、法律法规和风俗习惯等与国内有较大差异，事先了解做到有备无患，根据旅行计划做好充足出行准备以及备案，是出国安全的重要保障。

① 妥善安排国外行程

建议您访问中国领事服务网、中国领事APP和中国驻当地使领馆网站，关注“领事直通车”和驻外使领馆微信公众号，认真了解目的地国别信息，访问目的地相关官方网站，了解当地政治情况、社会治安、流行疾病、自然气候、风俗习惯、生活禁忌，尤其是易发安全事故等信息，将人身安全置于首位，妥善安排在国外的行程，同时保证足够的经费。

② 关注目的地风险提示

外交部和驻外使领馆在评估外国安全风险情况的基础上，及时发布相应的风险提示信息，并根据安全形势变化，及时发布风险应对和旅行建议。旅行建议分“注意安全”“谨慎前往”和“暂勿前往”三级，建议您从保障自身安全的角度，及时关注跟进，听取相关建议，根据自身需要，理性评估风险，慎重作出决定。

③ 了解应急联系方式

目的地报警、急救等应急求助电话和拨打方式，以及驻外使领馆领事保护值班电话，可登录中国领事服务网、中国领事APP查询了解。外交部全球领事保护与服务应急热线（+86-10-12308或者+86-10-65612308）24小时开通。建议留存有关联系方式，以备急需时使用。

④ 检查确认护照有效

根据国际通行要求，护照剩余有效期通常不应少于6个月。请保持护照整洁，避免水浸洗或电子芯片页折损、遗失，以免影响申请签证、入出境及国外行程安排。建议准确填写护照“应急资料”页，护照、身份证、境外保险单（如有）及护照电子照片一并发送到本人电子信箱留存，携带几张纸质照片和未成年人出生证明复印件等，以备需要时使用。

⑤ 办妥目的地国签证

了解目的地外国人管理法规和入出境要求是保证海外行程顺利的重要事项。按有关国家驻华使领馆网站要求，提前申请并办妥入（过）境签证。如可办落地签证或免办签证，应确认入境目的和手续材料符合目的地要求。签证种类应与出国目的相符，有效期、停留期和入境次数与出国计划一致。外国相关部门依据其本国法律，有权拒绝已获得签证人员入境。入境后应留意签证或居留证件有效期，如需要应提前申请延期。如逾期停留或从事超出签证许可范围的活动，违反当地外国人管理法规，或将被追究责任。

⑥ 购买合适保险和机票

国外安全风险和医疗救治费用相对较高，建议根据自身健康状况、出国目的和行程，以及目的地风险、医疗条件等，购买符合自身情况的人身安全和医疗等保险。在海外旅游，可能面临安全上的不确定性，建议行前结合实际情况购买专项保险。购买机（车、船）票应充分考虑可变因素，为中转留足时间，确保转机联程妥善衔接。因部分城市设有多个机场，应事先确定抵达或中转机场的具体名称和位置。

⑦ 了解目的地入出境管理要求

检疫和防疫要求。遵守目的地人员入出境验放、动植物检疫和海关监管要求，按要求进行相关体检和预防接种，取得符合要求的“黄皮书”。提前了解前往国家和地区入境及防疫管理政策，根据目的地要求做好准备。如自身健康状况不适合国际旅行，强烈建议谨慎决定或推迟出国，如决定出国应提前做好应对疾病的准备。如需携带处方药，建议事先了解目的地国有关规定，携药不超过目的地海关对种类和数量等的限制要求，同时携带处方、药品的外文说明书和购药发票，以备查验。

海关禁止、限制性要求。各国均禁止毒品、受保护动植物制品等入境，对食品、动植物制品、酒、烟草等有明确的禁止或限量要求，对携带货币入境有额度限制，建议行前充分了解。请勿携带违禁物品，避免携带大量现金入境。请务必避免为他人携带行李物品，特别是违禁物品或

不了解的物品。按要求如实申报限制性物品情况和现金金额。

其他须知。请如实回答海关、移民等工作人员的问询，配合执法并保持理性和必要尊重。在签署相关文件前应仔细阅读并确认接受文件内容，必要时寻求翻译、律师的帮助。遵守外国人管理法规，按要求及时办理外国人登记等手续。

⑧ 尊重目的地文明习俗

为更好融入当地、保证行程顺利，避免潜在风险，出行前请注意了解当地风俗习惯和宗教信仰。注意自身形象，衣着和言谈举止与所处环境协调得体。如避免在安静的公共场所喧哗，不在排队等候时加塞，不在禁烟的场所吸烟，不在禁止拍照的地方拍摄，不违规使用无人机拍摄，等等。尊重当地居民的宗教信仰，爱护公共财物，保持环境卫生。留意标识提示，听从工作人员引导，勿闯入未开放或禁止外国人进入的区域。

⑨ 主动登记个人信息

为便于在您需要时，及时、准确为您提供协助，建议并鼓励您根据自愿原则，通过中国领事APP海外中国公民登记功能以及中国驻外使领馆建立的相关平台，如实登记并及时更新个人相关信息。已登记人员将更快地得到相关使领馆提供的信息推送、应急联系、紧急救助等服务。如您离开该国，在自愿的基础上，请及时做好离开的登记备案。

⑩ 与亲友定期保持联系

强烈建议出行前将日程发给亲友，开通电话国际漫游或在当地购买电信服务，与亲友约定好联系方式，并在国外期间持续保持联系。在前往偏远无信号地区前后，或在当地发生自然灾害、治安案件等重大突发事件后，更应主动、及时联系亲友，报告平安，或寻求他们的建议和帮助。将护照信息页、签证页等拍照发给亲友，并及时告知在当地详细住址、手机号码及联系人（朋友、同事、同学或老师等）的联系方式等，以备不时之需。

⑪ 切勿从事非法活动

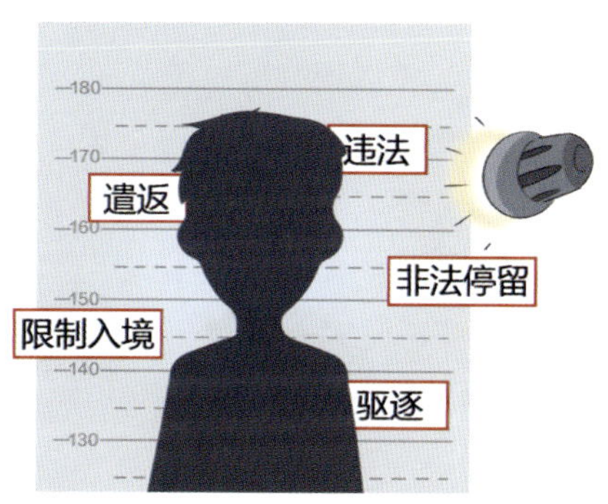

坚决同网络赌博、电信诈骗等非法活动划清界限，如您受骗误入网赌、电诈团伙，请在确保人身安全的前提下设法向当地警方报警。如您因受骗从事非法活动导致逾期滞留，且无护照等有效证件，可联系中国驻当地使领馆，如实报告本人情况，使领馆将在向国内主管部门核实您的身份后为您补办相关旅行证件，供您回国使用。在此情况下，为确保回程顺利，您还须向当地移民部门了解是否需补办相关出境手续。

⑫ 理性应对入境受阻

如遇入境受阻，建议与移民官员耐心沟通，如实说明情况，尽可能提供证明材料，避免言语或行为抵触。如被安排遣返，请及时联系来程航空公司或其他航空公司尽快安排遣返机票，同时主动向亲友和中国驻当地使领馆告知情况。使领馆会在可行条件下，向移民官员了解情况并予以解释，但使领馆无权干涉当地移民官员执行公务和主管部门所作决定，也不能确保您最终能被允许入境。如您认为在此过程中权益受损，可冷静保存证据，通过向当地主管部门投诉、司法起诉等正当途径维权，切勿采取过激行为。

三、海外安全风险自我防范

第一部分 海外安全风险防范 

预防是最好的领事保护。每个中国公民都是自身安全的负责人，您的行为直接影响着自身安全，建议您遵守当地法律法规、尊重当地风俗习惯，主动采取措施最大限度减少在国外的风险。

入境外国的注意事项

① 社会治安

任何情况下生命安全第一。请您尽可能了解当地政治、经济、文化和社会情况，特别是风险情况，入乡随俗，与当地民众融洽相处。留意当地主要报纸、电视、网络媒体等信息，关注所在地社会治安情况，并采取相应防范措施。请避免在高风险时间，前往高风险地点，或从事高风险活动。避免前往恐怖袭击、绑架等暴力案件高发地区，以及赌博、色情等场所。节假日尤其要注意安全。请慎重交友，依法行事，避免被卷入或直接参与违法犯罪活动。在当地发生有可能影响人身安全的游行、示威、集会等事件时，尽量减少外出，并采取必要措施加强防范，避免围观参与。

② 身心健康

请留意自身健康状况，有基础性疾病者更需注意及时用药或治疗。请合理安排行程、食宿，注意锻炼，保持健康、良好的生活方式。谨慎食用生冷食物或喝生水。避免前往疫病重灾区或辐射污染区。如确需前往，请务必采取必要防护措施，并尽量减少停留时间。请注意心理健康，建议加强与亲友沟通，及时化解矛盾分歧。遇身心疾病时，应及时就诊，以免病情进一步恶化。

及时求助心理医生

③ 财物安全

请留意住地安全，采取必要安保措施。妥善保管贵重财物，必要时存放银行托管。尽量避免携带贵重物品或大额现金外出。如确需携带，则应采取必要安全措施。切勿显财露富，当心偷盗、抢劫和砸车盗抢。当心电话、网络诈骗，切勿仅凭电话、电邮联系就将大额钱款汇寄给您素不相识的人，尤其是跨境汇款。请勿相信“低投入高盈利”诱饵，投资应评估风险，通过正规渠道，不在社交媒体上和陌生人兑换外汇。

④ 交通安全

请重视交通安全，步行、驾车、骑车均应遵守交通法规。租车自驾应使用合法驾照，依规购买租车保险。驾车外出应规划好行车路线，检查确认车况，携带有效驾照。驾驶途中应遵从警察和交通标识指引，礼让行人，全程全员使用安全带。请避免闯红灯、超速、酒驾和疲劳驾驶等违章行为。在通过路口、拐弯、并道等时，应注意确认判断行车方向无误，在车辆左行国家尤应当心。请避免在僻静黑暗处长时间等车，不要轻易搭乘陌生人车辆，或让陌生人搭车。妥善处理交通事故，必要时报警求助。

⑤ 自然灾害

请综合考虑户外动植物、水文地理、气温雨雪等自然条件，外出应做足准备。谨慎参加潜水、乘坐热气球、滑翔、登山、高山徒步、蹦极、荒漠求生、极地探险等高风险活动。如需参加，应注意进行事前培训，认真阅读并签订相关安全合同，遵从现场提示信息和工作人员指导，做好安全措施。应留意当地灾害预报信息，风灾、山洪、地震、火山、海啸、沙尘暴、暴风雪等自然灾害，可能在毫无预兆的情况下发生，请务必做好相应准备，提高自身防灾应变的能力，遇灾害请遵从官方指引。

⑥ 服务纠纷

出国前后，可能会和各类中介等其他个人或机构打交道，建议事先通过官方渠道了解各类信息，避免道听途说，轻信他

人传言。请谨慎选择中介等服务提供方，签署合同，明确权责，确保自身正当权益得到保障。在与他人或机构，特别是出国中介、航空公司、旅行社等产生纠纷时，请保持理性，避免过激言行，可通过协商解决，或按照法律程序，依法维护自身正当权益。

⑦ 法律法规

在国外请务必遵守当地法律法规，注意个人言行，切勿从事不法活动。请配合执法，避免肢体冲突等过激行为，不要试图贿赂执法人员。如认为对方存在侵权行为，可请其出示证件，记下其工作证和车牌号码，后可通过诉讼等正当途径维护自身权益。在您因配合调查而行动受到约束时，通常您有权保持沉默并可要求联系律师提供支持，也可要求直接联系或请对方通报中国驻当地使领馆。在签署执法人员问询笔录前，请务必保持冷静，仔细审阅，确认接受笔录内容。

第二部分 海外安全风险应对

① 自助自救

请了解并掌握一定的安全自救知识，特别是行程中可能出现的风险应对知识，做好应急准备。遇到麻烦时，请保持冷静，妥善应对，第一时间应尽己所能解决面对的困难和问题，确保生命安全。

② 报警求助

警察、消防、急救等是在国外可以借助的重要资源。请务必提前掌握当地报警热线号码和报警注意事项。当遇到生命安全威胁等紧急情况时，可拨打通用报警电话。在一般性财物损失等非紧急情况下，通常可拨打所在地警局电话。消防和急救热线通常只处理专门消防或急救任务。建议提前学习几句求救外语，以备不时之需。

③ 法律服务

各国法律不同，在国外遇到法律纠纷时，建议聘请律师，以便更好地根据当地法律，维护自身权益。各国通常有为受害者提供法律援助的机制，进行一般性法律咨询，或可免费提供代理起诉应诉的律师服务。在回答执法人员问询、签署文件或出庭时，通常可以提出请律师到场的要求。

④ 就近资源

您所在的单位、学校、侨界社团或学生组织、附近的医院、免费心理咨询热线，以及各类针对特定弱势群体帮助热线等，通常是您可以就近借助的资源，第一时间寻求就近资源的帮助往往是最为有效的选择。建议了解此类信息，留存他们的联系方式，并在遇到困难时主动寻求他们的帮助。

⑤ 求助亲友

您的亲人、朋友时刻关注着您的安全，也能给予您及时、有力的支持。建议将行程计划告知他们，持续保持联系并报告平安。遇到麻烦时，请及时联系他们，如实告知情况，听取意见建议，寻求可能的帮助，如心理慰藉、问题协商、经济帮扶等，或通过他们获得更多协助。

⑥ 志愿者协助

目前，在不少国家都有专门为中国同胞服务的领事协助志愿者。他们虽不是驻外使领馆工作人员，也不代行领事职权，但自愿协助使领馆开展领事保护与协助工作。他们热心帮助中国公民，熟悉当地语言和情况，可为您提供帮助和支持。

声明

本指南于2023年9月发布，旨在帮助中国公民更好地了解领事保护与协助工作的相关内容，不作为有关驻外使领馆和领事官员因执行领事职务而承担任何法律责任的依据。指南所涉内容，特别是有关提示和建议，仅供读者参考，实践中请结合实际情况合理决策。本指南由外交部领事保护中心负责最终解释。